AF370072

MORT

DU

PROFESSEUR MOITESSIER

DISCOURS

PRONONCÉ

Par M. le Dr ENGEL

PROFESSEUR A LA FACULTÉ DE MÉDECINE DE MONTPELLIER.

MONTPELLIER

TYPOGRAPHIE ET LITHOGRAPHIE CHARLES BOEHM

ÉDITEUR DU MONTPELLIER MÉDICAL,

DE LA GAZETTE HEBDOMADAIRE DES SCIENCES MÉDICALES.

1889

Mort du Professeur MOITESSIER.

La Faculté de Médecine de Montpellier est terriblement frappée depuis quelque temps. M. le professeur MOITESSIER est mort après quelques jours de maladie.

Nous perdons encore avec lui un de ces hommes rares qui sont toujours prêts à sacrifier tout aux obligations que leurs fonctions leur imposent, qui ont mis leurs devoirs professionnels fort au-dessus des satisfactions égoïstes. Il arrive parfois que s'obscurcit en nous la notion du devoir, que le découragement s'empare de nous en présence de l'ingratitude des hommes ; que nous nous sentons enclins à récriminer. Quand il en est ainsi, évoquons ces nobles mémoires ! En se présentant à notre esprit, elles fortifieront notre conscience vacillante et raffermiront notre courage ébranlé.

Les obsèques de notre regretté Professeur ont eu lieu lundi dernier.

. . . .

. . . .

M. MOITESSIER était Chevalier de la Légion d'Honneur et les honneurs militaires lui ont été rendus par un piquet du 122ᵉ d'infanterie.

Dans le grand vestibule de la Faculté de Médecine, où s'était rendu le cortège, M. le professeur Engel a retracé en termes émus la vie de celui qui fut à la fois son collègue et son ami intime.

(Gazette hebdomadaire des Sciences médicales
de Montpellier.)

Discours de M. le professeur ENGEL.

Messieurs,

Des douleurs récentes et cruelles n'ont pas désarmé un Destin impitoyable. La Faculté de Médecine perd, dans la maturité du talent, un de ses Membres les plus intimemement et les plus efficacement mêlés à sa vie et à son évolution, un professeur dont elle est fière, un savant qui l'a honorée entre tous, un collègue qui s'était fait de ses devoirs l'idée la plus élevée. En nous arrachant brutalement Moitessier, la Mort nous frappe au cœur en même temps qu'à la tête.

Votre pieux recueillement devant cette tombe nouvelle dit à une famille éplorée, bien mieux qu'il me serait possible de le faire, la part que vous prenez tous à l'affreux malheur qui l'accable.

Moitessier s'est éteint brusquement, sans douleur, après une courte maladie, à l'âge de 56 ans.

Comme s'il avait pu prévoir, dès le début de sa carrière, que son existence serait courte, il a marché avec une singulière rapidité vers le but qu'il s'était proposé d'atteindre, et a mis une sorte de hâte fiévreuse à remplir sa vie d'une somme vraiment étonnante d'œuvres utiles et fécondes.

Licencié ès sciences physiques à 21 ans, docteur en médecine et agrégé à 23, professeur suppléant à la Faculté des Sciences de Clermont à 24, suppléant de Bérard à 26, puis docteur ès sciences, professeur de physique à l'École normale de Cluny, où ses éminents services lui valurent, à l'âge de 32 ans, la croix de la Légion d'Honneur, Moitessier revint à Montpellier en 1868, comme chargé du cours de physique médicale. Cet enseignement venait d'être créé dans notre Faculté. Par son talent de professeur, par sa notoriété scientifique, par les services déjà nombreux rendus à l'Université, Moitessier était tout désigné au choix du Ministre, qui lui avait donné les assurances les plus formelles de sa nomination à cette chaire nouvelle, où il pouvait l'appeler directement. Mais, ne voulant pas entrer dans une Assemblée sans l'assentiment de ses Membres, Moitessier demanda que la Faculté et le Conseil académique fussent consultés, et c'est sur la présentation de ces deux Corps qu'il fut nommé. C'est aussi par élection qu'il devint plus tard Membre du Conseil académique et du Conseil général des Facultés. Enfin toutes les Facultés de Médecine de France, ayant pour la première fois à choisir des délégués au Conseil supérieur de l'Instruction publique, portèrent sur Moitessier la presque unanimité de leurs suffrages. Le Ministre de l'Instruction publique, de son côté, en le nommant Doyen de la Faculté de Médecine, donnait à Moitessier une haute marque de confiance. Ces honneurs étaient d'autant plus flatteurs qu'il ne les brigua jamais et ne mit aucune habileté à se les procurer.

Albert Moitessier naquit, le 11 janvier 1833, d'une des familles les plus honorables de Montpellier. Il fit dans cette ville de bonnes études classiques et se sentit de bonne heure attiré vers l'étude des sciences physiques. Mais son père désirait le voir s'adonner à l'histoire naturelle, qu'il cultivait lui-même avec succès. Pour se conformer à ce désir, Moitessier se fit inscrire au nombre des étudiants de la Faculté de Médecine et suivit les cours de botanique et de zoologie à la Faculté des Sciences. En 1851, à l'âge de 18 ans, il fut nommé, au concours, aide de botanique. Il n'en continua pas moins à étudier la chimie et la physique. Dès cette époque, il s'occupa de photographie et fit faire à cet art, encore dans l'enfance, des progrès importants. Il publia un procédé pour obtenir des épreuves photographiques positives à l'aide de la chambre noire. Les résultats obtenus étaient remarquables par leur finesse et leur inaltérabilité. Il appliqua la photographie à la reproduction des objets microscopiques et obtint de ces objets des images en relief. Toutes ces recherches furent poursuivies pendant plusieurs années, donnèrent des résultats précis et importants qui servirent à d'autres de point de départ pour de nouveaux progrès.

Un professeur de chimie de la Faculté des Sciences, M. Chancel, aujourd'hui Recteur de notre Académie, s'intéressa vivement aux recherches de ce tout jeune savant, et ne tarda pas à jouer dans sa vie scientifique le rôle le plus important.

Élève et ami de Gerhardt, M. Chancel, déjà connu par des découvertes de premier ordre, commençait à enseigner la théorie des types et la classification des corps en séries homologues, qui constituent en grande partie la base de nos idées modernes et ont eu une si heureuse influence sur le développement prodigieux que la chimie organique a pris depuis une trentaine d'années. Moitessier fut séduit et, sur les conseils de M. Chancel, se présenta et fut reçu à la licence ès sciences physiques. Cette variété dans les études de Moitessier ne portèrent aucun préjudice à leur solidité. Nous allons en avoir la preuve.

Des concours pour diverses places d'agrégé des Facultés de

Médecine allaient s'ouvrir devant la Faculté de Paris. Moitessier s'inscrivit pour l'histoire naturelle. Quelques jours seulement avant la clôture du registre d'inscription, il fut prévenu que Gervais, alors professeur à la Faculté des Sciences, dans la force de l'âge et du talent, déjà connu par de nombreux travaux, allait lui disputer la place d'agrégé mise au concours pour la Faculté de Montpellier. Pour tout autre que pour Moitessier, c'eût été l'effondrement d'un long espoir déçu. La lutte contre un Maître de la science était impossible !

Moitessier n'hésita pas. Il s'inscrivit, avec l'assentiment de son père, pour la place vacante dans la section des Sciences physiques, et telle était l'élasticité de son esprit, l'étendue de son savoir, que, dans cette lutte à laquelle il n'avait pu se préparer, il triompha de tous ses concurrents et fut nommé au premier rang. L'impression produite par ce concours fut si grande que, l'année suivante, le Ministre de l'Instruction publique vint chercher dans une Faculté de Médecine ce jeune agrégé de 24 ans, pour lui confier l'enseignement de la chimie dans une Faculté des Sciences.

Les travaux de Moitessier se succédèrent alors, nombreux et importants. Il n'est donné qu'à peu de savants d'attacher leur nom à une de ces découvertes capitales, à une de ces idées-mères dont les résultats peuvent s'exprimer en peu de mots. Mais Moitessier a inscrit le sien à tant de ces recherches nécessaires pour compléter le système de nos connaissances et préparer les élans du génie qu'il m'est impossible même de les énumérer ici. Outre ses deux Thèses de doctorat ès sciences[1], ses Thèses de doctorat en médecine et d'agrégation, Moitessier publia un ouvrage de physique appliquée à la médecine et à la physiologie, deux livres de vulgarisation, l'un sur l'Air, l'autre sur la Lumière, qui eurent plusieurs éditions; un ouvrage intitulé: *La photographie appliquée aux recherches micrographiques*, et soixante-deux Notes, Mémoires ou Articles sur des travaux originaux. Aussi un grand nombre de Sociétés savantes ont tenu à honneur de compter Moitessier au nombre de leurs membres, et récemment l'Académie de Médecine lui décerna le titre recherché de Correspondant national.

Les qualités de professeur que Moitessier montra dès son concours d'agrégation ne firent que se développer par la suite. Il ne préparait jamais la forme de ses leçons, mais en méditait avec soin le fonds et possédait des ressources inépuisables et inattendues pour porter la lumière dans l'esprit des auditeurs. Sa parole était facile, animée, vivante, quoique toujours ordonnée. Il excellait

---

[1] *Recherches sur la Salicine; Rech. sur la Dilatation du soufre.*

surtout à interroger la nature devant les élèves, par des expériences
qu'il savait varier de la manière la plus ingénieuse. D'une rare
habileté, il construisait lui-même, avec l'aide d'un simple ouvrier,
des appareils souvent bien délicats, et était toujours des premiers
à reproduire les expériences nouvelles présentant un certain in-
térêt. C'est ainsi qu'avec M. Diacon, à qui l'unissaient les liens
d'une étroite amitié, il construisit, dès l'apparition du Mémoire
de Kirchoff et Bunzen, un spectroscope qu'il appliqua à l'étude
de plusieurs eaux minérales. Les résultats de ces recherches ont
été publiés dans le *Montpellier médical*. Beaucoup d'entre vous
se souviennent aussi d'avoir vu, dans son laboratoire, fonctionner
un téléphone et plus tard un phonographe, qu'il était arrivé à faire
lui-même, alors que bien des savants doutaient encore de la
réalité des faits annoncés.

Il comprit un des premiers que la Médecine entrait dans une
voie nouvelle et avait besoin pour ses progrès de moyens nouveaux.
Ce fut lui qui, pendant son décanat, institua dans notre Faculté
les travaux pratiques pour les élèves, bien avant que leur utilité
reconnue les ait rendus obligatoires. Ce fut lui aussi qui contribua
le plus à la création de nombreux laboratoires pour les Maîtres.
Nous lui devons enfin l'institution des cours complémentaires,
confiés aux Agrégés.

Je ne crains pas d'être démenti en disant qu'il n'est pas un
Professeur de notre Faculté qui n'ait eu recours bien des fois, et
jamais en vain, à l'intelligence, à la science ou à l'esprit ingé-
nieux de Moitessier.

J'aurais donné de son activité, de son étonnante puissance de
travail, une idée bien incomplète si je passais sous silence tous
les services qu'à des titres divers il a rendus à la chose publique.
Il était un auxiliaire constant pour la Justice, qui lui confiait les
expertises les plus délicates. Pendant de longues années, il fut
administrateur des Hospices, membre du Conseil d'hygiène, de la
Commission météorologique, de la Commission de surveillance
des Écoles normales et de beaucoup d'autres commissions qu'il
serait trop long de mentionner ici. La ville eut à diverses reprises
recours à ses lumières. En un mot, partout où il fallait du travail,
de l'activité, de l'intelligence ; partout où il pouvait rendre des
services et ne rien recevoir en retour, là se trouvait Moitessier.

Prisant peu les honneurs, il se retirait dès qu'il pensait que son
rôle était terminé ou qu'il sentait son impuissance à faire le bien.

Pendant la guerre de 1870, Moitessier s'occupa activement de
la fabrication des cartouches dans notre département. En quelques semaines, il arriva à faire travailler 500 ouvriers dans des

ateliers d'où sortaient 15,000 cartouches par jour. Un Rapport officiel constate qu'à 600 mètres le nombre des balles mises dans la cible atteignit celui des cartouches de l'État. Ce résultat ne fut obtenu que par le concours dévoué de bien des patriotes ; mais la part qui revient à Moitessier semble considérable. Dans une lettre du Garde des Sceaux en date du 25 janvier 1871, adressée à Moitessier, je lis en effet : « Je sais, par les communications de M. le Préfet, que c'est vous qui avez été le véritable fondateur de la cartoucherie de Montpellier, recevez-en mes bien vifs remerciements; vous avez rendu en cette circonstance un grand service à la chose publique. Nous devons d'ailleurs attendre plus encore, pour l'avenir, de votre patriotisme, etc. »

Comment, Messieurs, en si peu de temps, louer comme il convient une vie si bien remplie ? Comment apprécier de si grandes qualités de l'esprit, que dominaient encore chez Moitessier les qualités du cœur ?

C'était un homme austère, doué d'une nature nerveuse et impressionnable, d'un esprit délicat, accessible à toutes les beautés de la littérature et de l'art aussi bien qu'aux conceptions les plus élevées de la science. Tous ceux qui l'ont connu diront la finesse de son esprit, cet abord bienveillant qui s'inspirait des qualités de son cœur, cette aménité qui rendait son commerce si profondément attrayant. Ils diront aussi la sympathie de cette figure loyale, éclairée par les étincelles d'une intelligence peu commune et cette bonté caressante dans le regard qui permettait au sourire bien des malices.

Moitessier avait épousé Louise Peytal, d'une honorable famille de Mèze. De ce mariage, préparé par une affection partagée, naquirent six enfants dont l'un mourut en bas âge. Après quelques années d'un bonheur sans mélange, il perdit la compagne tendrement aimée de sa jeunesse. Ce fut pour lui une épreuve terrible. Il se raidit, par devoir, contre le malheur et donna une grande partie de son temps au soin de l'éducation de ses enfants. Il fut secondé par le dévouement d'une sœur, dans cette tâche difficile, et peu de pères ont réussi aussi complètement que lui. Bientôt les succès de ses fils et le mariage de ses filles lui apportèrent les plus douces satisfactions. Il avait trouvé dans ses gendres de nouveaux fils, qu'il aimait tendrement, et pouvait espérer encore de longues et heureuses années, au sein d'une famille dont l'union peut être citée comme un modèle.

Moitessier sentait vivement son bonheur. Admis à l'honneur de son intimité, que de fois j'ai vu ses yeux se remplir d'émotion en écoutant ses enfants interpréter la musique de ces Maîtres qu'il aimait tant et comprenait si bien ! Mais alors aussi se peignait sur son visage une mélancolie faite d'amers regrets et de doux souvenirs : il pensait à celle qu'il avait tant aimée !

Oui, chers amis, fils et gendres de Moitessier, vous trouverez pour votre douleur une consolation bien douce dans la pensée que vous n'avez jamais donné à votre père que des satisfactions, que vous avez rempli sa vie de poésie, de joie et d'affection. Cet homme que les succès les plus brillants laissaient si modeste, qui dans les honneurs les plus enviés prenait pour lui si peu de place, avait une fierté pourtant, la plus légitime de toutes : il était fier de ses enfants.

Et maintenant quelles expressions pourrai-je trouver, cher et noble ami, pour te dire, au nom de la Faculté, les paroles de suprême séparation ? Je n'en chercherai pas. Détourne un instant les yeux de la contemplation où tu es de la sublime Vérité, de la divine Intelligence ; jette un regard sur nous : vois, ami, vois les sanglots affolants de tes enfants, vois la sombre douleur de tes amis, la tristesse de tes collègues, de tes élèves, la respectueuse sympathie de tous ceux qui entourent ton cercueil ; lis dans nos pensées, lis dans nos cœurs ; et tu sauras, mieux que ne pourraient te l'apprendre les paroles les plus émues d'un ami, que, si tu meurs trop tôt pour la science et pour l'affection, tu as assez vécu pour nous laisser à tous un impérissable souvenir et l'exemple d'une vie pure de toute défaillance.

GRADES ET FONCTIONS UNIVERSITAIRES

du Professeur MOITESSIER.

Bachelier ès lettres (1850).
Bachelier ès sciences (1851).
Bachelier ès sciences physiques (1853).
Licence ès sciences physiques (1854).
Doctorat en médecine (1856).
Doctorat ès sciences physiques (1864).

Aide de botanique à la Faculté de Médecine de Montpellier (1851-1856).

Agrégé stagiaire près la Faculté de Médecine de Montpellier. (Concours à Paris, nommé au premier rang, 1856.)

Professeur suppléant à la Faculté des Sciences de Clermont-Ferrand (1857).

Chargé, par arrêté ministériel, des examens à la Faculté de Médecine de Montpellier, pendant la durée du stage d'agrégation (1857-1859).

Chef des travaux chimiques à la Faculté de Médecine de Montpellier; concours de 1859 (1859-1865).

Agrégé en exercice près la Faculté de Médecine de Montpellier (1859-1868).

Professeur de physique délégué à l'École normale de Cluny (1866-1888).

Chargé du cours de physique médicale à la Faculté de Médecine de Montpellier (1868).

Professeur à la Faculté de Médecine de Montpellier (1869).

Doyen de la Faculté de Médecine de Montpellier (1879).

Promotion à la seconde classe (choix, 1885).

Promotion à la première classe (1888).

Distinctions honorifiques et Sociétés savantes.

Chevalier de la Légion d'Honneur (1868).
Officier d'Académie (1870).
Officier de l'Instruction publique (1878).
Correspondant national de l'Académie de Médecine.
Membre de la Société française de Physique.
Membre élu du Conseil de la Société française de Physique.
Membre de l'Académie des Sciences et Lettres de Montpellier.
Membre de la Société Chimique de Paris.
Membre de la Société de Médecine et de Chirurgie pratiques.
Membre associé de la Société d'Agriculture du département de l'Hérault.
Membre de la Société d'étude des Sciences naturelles de Nimes.

Conseils et Commissions.

Membre du Conseil supérieur de l'Instruction publique (1880-84).
Membre du Conseil général des Facultés.
Membre du Conseil académique.
Membre du Conseil départemental d'Hygiène publique et de Salubrité de l'Hérault.
Membre de la Commission de surveillance des Écoles normales primaires de l'Hérault.
Administrateur des Hospices (1879-1888).
Membre de la Commission centrale de Météorologie.
Membre du Comité de patronage de l'Enseignement secondaire spécial dans le Lycée de Montpellier.
Membre du Jury du Concours pour la nomination du directeur de la Station agronomique de Vaucluse.
Membre de la Commission météorologique de l'Hérault.
Membre de la Commission départementale instituée pour étudier la nouvelle maladie de la vigne (1877).
Membre de la Commission d'armement du département de l'Hérault (1870).
Membre du Jury du Concours pour la nomination à un emploi de professeur des Sciences physiques à l'École d'Agriculture de Montpellier.

ENSEIGNEMENT.

Cours de Chimie à la Faculté des Sciences de Clermont-Ferrand (1857).

Enseignement des Sciences physiques et naturelles à l'Institution Mandon à Montpellier (1858-1859).

Suppléance de M. le professeur Bérard à la Faculté de Médecine de Montpellier (1859).

Suppléance de M. le professeur Bérard (1861).

Cours complémentaire de Toxicologie à la Faculté de Médecine de Montpellier (1861-1862).

Cours complémentaire d'Analyse chimique appliqué à la Médecine (1862-1863).

Suppléance de M. le professeur Bérard (1863).

Cours complémentaire de Physique médicale à la Faculté de Médecine de Montpellier (1864-1865).

Suppléance de M. le professeur Bérard (1865).

Direction de l'École pratique de chimie à la Faculté de Médecine de Montpellier, et conférences hebdomadaires aux élèves de cette École (1860-1865).

Conférences de physique à l'École normale de Montpellier, par délégation de M. le Recteur (1866).

Enseignement de la Physique à l'École normale de Cluny (1866-1868).

TRAVAUX SCIENTIFIQUES.

1. Procédé pour obtenir des épreuves photographiques positives à l'aide de la chambre noire (*Compt. rend.* de l'Académie des Sciences, 1885, broch. in-8°. Paris, 1856.)

2. Note sur la Solanine et ses dérivés. (*Compt. rend.* de l'Académie des Sciences, 1856.)

3. Essai sur les propriétés des Solanées et sur leurs principes actifs. (Thèse pour le doctorat en Médecine, broch. in-8. Montpellier, 1856.)

4. De l'Urine. (Thèse pour l'agrégation, broch. in-4°. Paris, 1856.)

5. Sur la composition chimique et minéralogique de l'Aérolithe de Montrejau. (Deux Mémoires publiés dans les *Compt. rend.* de l'Académie des Sciences, janvier et mars, 1859.) En collaboration avec M. G. Chancel.

6. Analyse d'une source thermale découverte aux environs de Montpellier. (*Compt. rend.* de l'Académie des Sciences, 1860.)

7. Étude chimique des eaux minérales de Lamalou (broch. in-8°, 130 pag. et deux planches. Paris, 1861).

8. Sur la constitution des péridots normaux et altérés du Puy-de-Dôme (broch. in-8°. Montpellier, 1861).

9. Sur le chlorure de camphorile. (*Compt. rend.* de l'Académie des Sciences, 1861.)

10. Recherches sur quelques Eaux minérales, à l'aide du spectroscope (broch. in-8°. Montpellier, 1861). En collaboration avec M. Diacon.

11. Sur la projection des préparations microscopiques. (Académie des Sciences et Lettres de Montpellier, 1861.)

12. Composition du liquide d'un spina bifida. (*Montp. méd.*)

13. Sur les produits de la distillation sèche du camphorate de cuivre (broch. in-8°. Montpellier, 1863).

14. Analyse d'une urine laiteuse. (*Montp. méd.*)

15. De la recherche de l'arsenic dans les cas d'empoisonnement. (*Montp. méd.*, 1863.) En collaboration avec MM. Béchamp et René.

16. Sur quelques dérivés acétiques de la salicine. (*Proc.-verb.* des séances de l'Académie des Sciences et Lettres de Montpellier, 1863.)

17. Composition des urines dans plusieurs cas de spermatorrhée. (*Montp. méd.*)

18. Nouvelle analyse des eaux minérales de Lamalou-l'Ancien. (*Montp. méd.*, 1863.)

19. Examen du contenu d'un kyste de cuir chevelu. (*Montp. méd.*)

20. Nouvelle analyse des eaux minérales de Lamalou-le-Centre. (*Montp. méd.*, 1865.)

21. Analyse du liquide d'un kyste du cou. (*Montp. méd.*)

22. Analyse du liquide extrait d'une hydarthrose du genou. (*Montp. méd.*)

23. Sur les chlorures de salicyle et de nitrosalicyle. (Académie des Sciences et Lettres de Montpellier, 1864.)

24. Action des agents réducteurs sur l'acide nitrosalicylique. (*Proc.-verb.* des séances de l'Académie des Sciences et Lettres de Montpellier, 1864.)

25. Épanchement pleurétique chez un enfant d'un an. (*Montp. méd.*)

26. Sur la constitution de la salirétine. (*Proc.-verb.* des séances de l'Académie des Sciences et Lettres de Montpellier, 1864.)

27. Sur la constitution des composés salicyliques. (*Proc.-verb.* des séances de l'Académie des Sciences et Lettres de Montpellier, 1864.)

28. Etudes des concrétions tophacées d'un goutteux (avec une planche). (*Montp. méd.*)

29. Sur un carbure d'hydrogène nouveau du goudron de houille. (*Compt. rend.* de l'Académie des Sciences, 1864.) En collaboration avec M. Béchamp.

30. Analyse d'une concrétion calcaire extraite d'un abcès de l'épigastre. (*Montp. méd.*)

31. Sur les dédoublements de la salicine. (*Proc.-verb.* des séances de l'Acad. des Sciences et Lettres de Montpellier, 1865.)

32. Recherches sur les dérivées acétiques de la salicine. (*Proc.-verb.* des séances de l'Acad. des Sciences et Lettres de Montpellier, 1865.)

33. Formation de la dolomie dans les eaux minérales. (*Proc.-verb.* des séances de l'Acad. des Sciences et Lettres de Montpellier, 1865.)

34. Recherches sur la salicine et les composés salicyliques. (Thèse pour le Doctorat ès sciences phys. Montpellier, 1884.)

35. Recherches sur la dilatation du soufre. Thèse pour le Doctorat ès sciences phys (broch. in-4°, avec une planche. Montpellier, 1864).

36. Sur la reproduction photographique des objets microscopiques. (Académie des Sciences et Lettres de Montpellier, 1865.)

37. Examen chimique de quelques produits pathologiques. (*Montp. méd.*)

38. Sur la reproduction stéréoscopique des objets microscopiques. (*Proc.-verb.* de l'Académie des Sciences et Lettres de Montpellier, avec fig. dans le texte, 1865.)

39. Sur un moyen facile d'obtenir des réseaux inverses les uns des autres, et dont les intervalles obscurs et transparents soient dans un rapport donné. (Acad. des Sciences et Lettres de Montpellier, 1865.) En collaboration avec M. E. Diacon.

40. De l'emploi de la lumière du magnésium pour la reproduction photographique des objets microscopiques. (*Proc.-verb.* des séances de l'Acad. des Sciences et Lettres de Montpellier, 1866.)

41. Comparaison des pouvoirs absorbants du sulfate de cuivre ammoniacal et du réactif cupro-potassique. (*Proc.-verb.* des séances de l'Acad. des Sciences et Lettres de Montpellier, 1866.)

42. Sur le dédoublement de quelques glucosides. (*Proc.-verb.* des séances de l'Acad. des Sciences et Lettres de Montpellier, 1866.)

43. La photographie appliquée aux recherches micrographiques. (Un vol. in-12 avec 41 fig. intercal. dans le texte, et 3 planches photographiques. Paris, 1866 [1].)

44. De l'emploi de la lumière polarisée dans l'examen microscopique des farines (broch. in 8° avec une planche. Paris et Montpellier, 1866). Ce travail a été reproduit, *in extenso*, par les *Annales d'Hygiène publique et de Médecine légale* (1868).

45. De l'influence exercée par les rayons lumineux de différente réfrangibilité sur la respiration des végétaux. (*Mém.* de l'Acad. des Sciences et Lettres de Montpellier, avec une planche, 1868.)

46. Observations sur la formation des sulfures phosphorescents (Acad. des Sciences et Lettres de Montpellier, 1869.)

47. Dosage de l'étain. Réponse à une lettre de M. Levol. (*Répertoire* de Chimie appliquée, 1861.)

48. Sur du sulfate de chaux cristallisé naturel de formation récente (En collaboration avec Béral). Acad. des Sciences et Lettres de Montp., 1863.

49. De la chaleur absorbée dans l'incubation. (*Compt. rend.* de l'Acad. des Sciences, 1872.)

50. Les eaux minérales de Mont-Major. (*Gaz. hebdom. des Sciences médic. de Montp.*, 1880.)

51. Recherches sur les températures animales (En collaboration avec M. Engel). *Gazette hebd. des Sciences méd. de Montp.*, 1880 et 1881.

52. Sur la dissociation de l'hydrate de chloral (En commun avec M. Engel). *Compt. rend. de l'Acad. des Sc.*, tom. LXXXVI.

53. Sur la dissociation de l'hydrate de chloral (En commun avec M. Engel). *Compt. rend.* de l'Acad. des Sc., tom. LXXXVI.

54. Sur les lois de dissociation (En commun avec M. Engel). *Compt. rend.* de l'Acad. des Sciences, tom. LXXXVIII.

55. Sur la dissociation du sulfure ammonique (En commun avec M. Engel). *Compt. rend.* de l'Acad. des Sciences, tom. LXXXVIII.

56. Sur la dissociation du sulfhydrate d'ammonium ; réponse à M. Isambert (En commun avec M. Engel). *Compt. rend.* de l'Acad. des Sciences, tom. LXXXIX.

57. Sur la tension de dissociation de l'hydrate de chloral et sur la tension de vapeur du chloral anhydre (En commun avec M. Engel). *Compt. rend.* de l'Acad. des Sciences, tom. XC.

---

[1] M. Moitessier s'occupait dans ces derniers temps de la photographie des couleurs ; il avait déjà obtenu des résultats remarquables qui promettaient de grands progrès dans l'étude de cette question.

58. Dissociation de l'hydrate de butylchloral (En commun avec M. Engel). *Compt. rend.* de l'Acad. des Sciences, tom. XC.

59. Sur la dissociation du carbamate d'ammonium (En commun avec M. Engel). *Compt. rend.* de l'Acad. des Sc., tom. XCIII.

60. Réponse aux observations présentées par M. Debray à propos de la dissociation du sulfhydrate d'ammoniaque (En commun avec M. Engel). *Compt. rend.* de l'Acad. des Sc., tom. XCIII.

61. Réponse à une Note de M. Isambert sur le carbamate d'ammonium (En commun avec **M**. Engel). *Compt. rend.* de l'Acad. des Sciences, tom. XCIII, pag. 899.

62. Un nouveau cas d'application de l'entomologie à la médecine légale (En commun avec MM. Jaumes et Lichtenstein). *Montp. méd.*, 1885.